Walther Keim • Hans Dollinger

HOTLINE

Karikaturisten sehen unsere »Schöne neue Medienwelt«

Walther Keim • Hans Dollinger

HOTLINE

Karikaturisten sehen unsere »Schöne neue Medienwelt«

Bruckmann

Wir leben in einer Guckguck-Welt,
in der es kaum Zusammenhang, kaum Bedeutung
mehr gibt, nur die Form zählt.

Neil Postman
in »Wir amüsieren uns zu Tode«

Gefördert von den Gothaer Versicherungen

Titelzeichnung: Horst Haitzinger

Eine Produktion des Bruckmann-Teams

Lektorat: Robert Fischer
Herstellung: Peter Schneider
Umschlaggestaltung: Uwe Richter

CIP-Titelaufnahme der Deutschen Bibliothek

Walther Keim/Hans Dollinger (Hrsg.):
Hotline. Karikaturisten sehen unsere »Schöne
neue Medienwelt«/Walther Keim/Hans Dollinger. –
München: Bruckmann 1996
ISBN 3-7654-2965-1

 Gesamtherstellung: Bruckmann, München
Printed in Germany
ISBN 3-7654-2965-1

INHALT

T.V. KABEL
TV·KABEL

Klick in die Zukunft

Helmut Kohl surft im Internet. Der Schiedsrichter betritt den Fußballplatz als Tele-Visionär. Selbst Machiavelli wird zur Datengestalt. Handyzeit, Online-Shopping, Mobil-Computer, Kommunikations-Highway – auch der Präsident ist nunmehr auf dem Net zu erreichen mit http://www.bundespraesident.de.

Hotlines verändern politische, wirtschaftliche, soziale und kulturelle Programme, und Räume. Funktelefon, Operations-Roboter, die über das Netz bestellte Pizza, der elektronische Lehrer demonstrieren den Klick in die Zukunft. Man vernetzt und digitalisiert sich, ist genervt oder findet das alles Klasse.

Kampfpreise, Monatspauschalen, Spezialsoftware – noch ist nicht alles jugendfrei. World Wide Web überholt die Steckdose, neue Jobs erwachsen aus der Retorte. Schätzungen sprechen davon, daß im Jahr 2000 eine Million Bundesbürger in Multimedia-Berufen arbeiten werden.

Digitale und interaktive Vielfalt allüberall. Stoff, Träume, Themen genug auch für die »Benutzeroberfläche« und das Aktionsfeld der Satire. Der Telekosmos verführt selbst die Karikaturisten zur Tele-Arbeit. Die in diesem Buch zusammengetragenen Zeichnungen bieten Projektionsflächen für Hoffnungen, Ängste und Visionen, für Machtspiele und Phantasien – auch jenseits von HTML-Formaten oder KIT-Standards.

Trotz T-Online-Engagement bleiben die alten Sinnfragen nach Lebensziel und Lebenszweck, nach Adel und Tadel, nach dem Stolperschritt des Menschen auf der Tagesordnung. So sind die Karikaturen in diesem Sammelband ebenso Zeitdokumente wie Zeugnisse von Zeitgenossen: spontan, anregend, kritisch und intellektuell zugleich.

»Da gingen den beiden Augen
die Augen auf,
und sie wurden nicht mehr gewahr,
daß sie nackt waren!«
(Frei nach 1. Moses, Genesis)

Horst Haitzinger

Luff

Auch im Zeitalter der Tele-Kommunikation mischt die Karikatur sich ein, läßt sie die Dinge nicht auf sich beruhen, sondern bringt sie in die Zone der Nachdenklichkeit. Darin ist ihre Ethik zu erkennen.

Aus Analogem wird heute allenthalben Digitales, das von allen Gesellschaftsschichten in unserem Lande angenommen und gestaltet werden muß. »Wie diese Schlachten ausgehen«, sagt Peter Glotz, »weiß der liebe Himmel. Die Deutschen wären gut beraten, wenn sie sich ganz praktisch auf die neue Welt vorbereiteten: durch Vermittlung von Medienkompetenz an unsere Kinder, hohe Investitionen in die Forschung und die Förderung der Kommunikationstechnik sowie die Kultivierung eines vielfältigen und wettbewerbsfreundlichen Telekommunikationsmarktes.«

Gabor Benedek

Gabor Benedek

Die Gothaer Versicherungen bieten all diesen Fragen und Problemen, auch durch ihr Kultursponsering, eine besondere Plattform.

»Hotline« mit seinen vielen satirischen »Mausklicks«, von 29 Autoren mit insgesamt 93 Zeichnungen gestaltet, zeigt die Gothaer Pole Position. So wünschen Versicherung und Herausgeber, daß der Hürdenlauf des Betrachters durch das breite satirische Spektrum sich fix wie Fax mit »kurzer Ladezeit« vollzieht. Der Strich der Künstler wird sie dabei stützen. Schließlich ist die Karikatur ja kein Schlagbaum, sondern ein Bekenntnis mit Leuchtkugeln.

Bonn/München Walther Keim, Hans Dollinger

I.
Multimedia worldwide
oder
Big Boss is watching you

Die mediale Illusion: Der Einbruch der Zukunft in die Vergangenheit soll als erregende Gegenwart empfunden werden. *Roger Willemsen*

Wenn ich mir so anschaue, was wir nach Feierabend machen, würde ich am liebsten weiterarbeiten. *Achim Ballart*

Der Bildschirm ist kein Babysitter. *Rita Süssmuth*

Brian Bagnall

Klaus Vonderwerth

Unsere Erfindungen sind gewöhnlich hübsche Spielsachen,
die unsere Aufmerksamkeit von ernsten Dingen ablenken.
Henry David Thoreau

Apokalypse now

Rainer Ehrt

Erich Rauschenbach

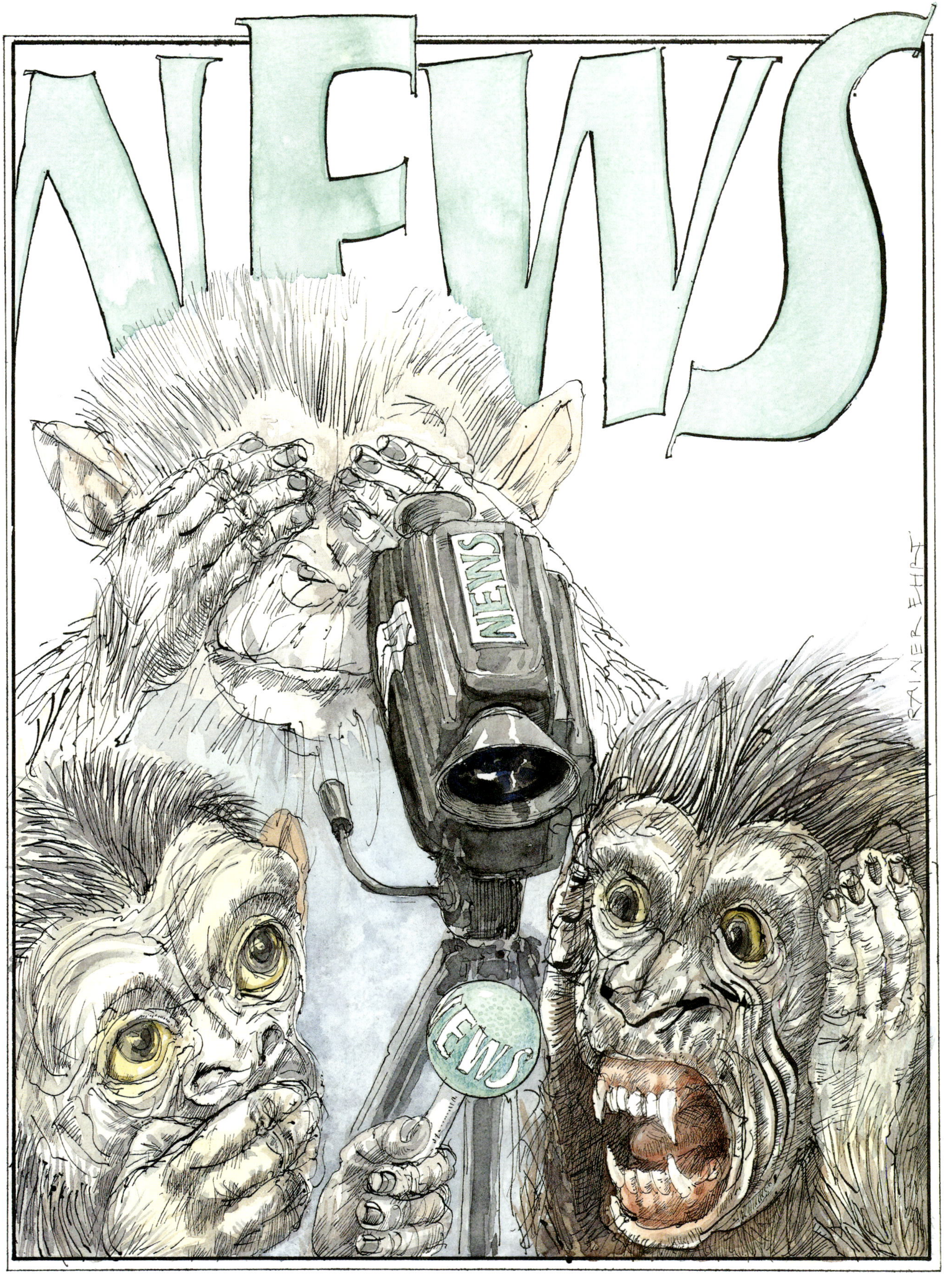

Rainer Ehrt

In bed with… *Gerhard Haderer*

Die wohltemperierte Gesellschaft glücklicher Idioten
ist machbar. *Norbert Blüm*

Online

Josef Partykiewicz

Peter Muzeniek

Gerhard Haderer

Medien-Usurpator *Josef Partykiewicz*

Wer die Macht der Medien leugnet, spielt den Unschuldsengel. *Regis Debray*

Frisch von den Printmedien *Josef Partykiewicz*

CD-ROM

Dieter Hanitzsch

Erik Liebermann

Die Technik ist die erste gemeinsame Weltsprache.
Ernst Jünger

Der Zeitungshimmel über Berlin *Klaus Vonderwerth*

Zwischen Wunsch und Wirklichkeit besteht in Deutschland eine beinahe hoffnungslose Kluft.

Elisabeth Noelle-Neumann

Vonderwerth nach Jan Vermeer

Klaus Vonderwerth

Ottfried Zielke

II.
TV total
oder
Masse statt Klasse

Fernsehen macht die Dummen dümmer und die Klugen klüger. *Marcel Reich-Ranicki*

Immer mehr läßt man als Leben nur noch gelten, was das Fernsehen zeigen kann. *Günter Grass*

Die größte Bürgernähe erreicht ein Politiker über das Fernsehen. Wenn er nur in einer einzigen Talk-Show auftritt, kommt er in die Nähe von sieben Millionen Menschen. Nur wer im Fernsehen auftritt, ist wirklich da. Deshalb brauchen wir einen eigenen Sender für Politiker, einen Politiker-Kanal. *Gerhard Polt*

Nel

Multimedia *Rainer Ehrt*

Gabor Benedek

Schön, daß ihr da seid, hier ist euer Karl Moik.
Harald Schmidt

Weißt Du, wieviel Bildschirm' ste-he-hen…? *Dieter Hanitzsch*

Medienlandschaft mit Kirchwegstation *Heinz Birg*

Jeder meint, daß seine Wirklichkeit die wirkliche Wirklichkeit ist.
Paul Watzlawick

Reiner Schwalme

Reiner Schwalme

Brian Bagnall

Erik Liebermann

Erwin, wo steckst du denn! Die Kinder hängen schon wieder vor der Glotze!
Nel '95

Nel

Cleo-Petra Kurze

Beim Durchzappen darf es nicht so sein, daß man da,
wo es traurig ist, denkt: Das kann nur die ARD sein.
Ein bißchen Fröhlichkeit will schon sein. *Fritz Pleitgen*

Sti-hille Nacht…

Gerhard Haderer

Heiko Sakurai

Seit er es ständig trägt, ist er viel ausgeglichener! *Luff*

Reiner Schwalme

Ottfried Zielke

Auch nach einstündigem Austausch der Argumente kam es bei der letzten Ausgabe von »Jetzt rede ich!« zu keiner Annäherung der Standpunkte

Freimut Wössner

»Wie kommst du ausgerechnet jetzt auf Journalismus?«

Horst Haitzinger

Barbara Henniger

Peter Muzeniek

»Eckermann, bring' Erdnüsse!« *Heiko Sakurai*

Auf dem Sofa v. l. n. r.: Schiller, Goethe, Thomas Mann.
Hinter dem Sofa v. l. n. r.: Büchner, Rilke, Fontane, Kafka, Heine.

Es ist heute leicht, ein Prophet zu sein, denn es trifft alles ein, was man befürchtet. *Dieter Hildebrandt*

Cleo-Petra Kurze

Es gibt im Fernsehen keine Sprache, das Geschrei ist zu groß.
Peter Zadek

Häute live
AMOK TV
Reality MAZger tägl. frisch
ge-stochen Scharf
ANSTALT
AUSGANG
AMOKLAUF
STARTHILFE
Radar-falle TV
OP TV
A MOIK TV
RÜCKSICHT KOMMT AN TV
nächster Sterbefall voraussich gegen 20°
TV NOTAUFNAH
DIE GROSSE CHANZE 19 30

GRUFT TV
Sterbe-hilfe TV
KING TV
live
KLINIK
Touch TV Satellit
TV GEISEL-NAHME HIER
NOT DOG TV
MAZ AB!
HIER
CRASH
!!!!
ÄKTSCHEN WERBUNG
ÄKTSCHEN

Nel

Jan Tomaschoff

Nel

Erik Liebermann

Herausragendes Herrenmagazin *Heinz Birg*

Reality-TV *Heinz Birg*

Heiko Sakurai

Ottfried Zielke

III.
PC, Bits und Internet oder Alle Macht den Mäusen

Das Internet hat seinen Boom in diesem Winter gehabt, als die Leute alle zu Hause saßen. Im nächsten schönen Sommer ist der große Hyper vorbei.

Sybille Lorenz, Systemoperatorin im deutschen Online-Forum »Citylife«

Die Schulen sollen die Chance haben, aktuelle Online-Multimedia zu praktizieren. Sie sollen nicht Computergeschichte lernen, sondern Medienzukunft kennenlernen.

Jürgen Rüttgers, Bildungsminister

Wenn ich mich irgendwo auf der Welt vor einen Rechner setze, fühle ich mich zu Hause.

Carlo von Loesch, Internet-Experte

…bit…und bit…und bit… *Brian Bagnall*

Burkhard Mohr

Gegen den Teufel muß man Überstunden machen.
Abbé Pierre

Burkhard Mohr

Illusionen platzen immer, Träume werden immer wahr.
Yoko Ono

Lebenslänglich

Roland Beier

Jan Tomaschoff

Reiner Schwalme

Der Chef *Dieter Hanitzsch*

Wer weiß das wirklich …

Dieter Hanitzsch

Felix Mussil

Heinz Langer

Gerhard Mester

Homeshopping – Homebanking – Homesuiciding *Armin Gehret*

Burkhard Mohr

Gerhard Mester

Wer den Geist nicht verträgt, beruft sich aufs Blut.
Heinrich Mann

Open Windows 96 *Freimut Wössner*

Das Dilemma *Ironimus*

Erik Liebermann

Gabor Benedek

Dietmar Grosse

Luff

Erich Rauschenbach

Roland Beier

IV.
Tele-Kosmos Cyberspace oder Online 2000

Bit um Bit tröpfeln meine Tage durchs Modem dahin. Nur wenige Informationen sind brauchbar. Ist die vernetzte Welt vielleicht doch nicht das weitgeöffnete Tor zur Freiheit?

Clifford Stoll in »Die Wüste Internet«

Cyberland ist auch deshalb Cyberland, weil die Menschen sich vor Außenkontakten fürchten. Draußen herrschen Gewalt und Krieg. Innen ist es warm und geschützt. Warum also sich fürchten vor Cyberland?

Hans Georg Möntmann in »Das Ende der Mobilität«

Man soll die Kinder nicht in den Kleidern ihrer Vorfahren auf die Reise in die Zukunft schicken und auch nicht in deren Nervenkostümen.

Antje Vollmer

Erik Liebermann

Der digitale Schirm *Ironimus*

Felix Mussil

»Wir kommen besser später wieder. Der Bundeskanzler duldet keine Störung, wenn er im Internet surft!«

Heiko Sakurai

Heinz Langer

Brain storming *Brian Bagnall*

Wenn Willkür in den Wörtern herrscht, dann herrscht auch Willkür im Denken. *Elke Heidenreich*

Das Internet verdrängt immer mehr die Zeitung

Gerhard Haderer

Dietmar Grosse

Jan Tomaschoff

Jan Tomaschoff

Felix Mussil

»Hi, Kids, hier ist wieder euer Plönjo mit den neuesten High-Tops der tadschikischen Charts, dazwischen wie immer jede Menge news und stories rund ums Schaf, unsere Sheep-show hihi haha, dann der aktuelle Grasnarbenbericht und natürlich wie immer unser Dr. Wool mit seiner 2-Minuten-Satire ›Schafe, Schafe, Jurte baue und net nach der Tadschikinne schaue‹!«

Freimut Wössner

Nel

Gerhard Mester

Barbara Henniger

Früher hat man Götter gesagt, heute sagt man Internet.
Herbert Achternbusch

Rainer Ehrt

Das Leben ist der Weg vom Nichts ins Nichts.
Mikis Theodorakis

Seitdem wir ihm zum 80. Geburtstag eine fest programmierte Hotline geschenkt haben, läuft unser Laden ruhig und reibungslos. *Armin Gehret*

Das Fernsehen zerlegt das Faszinosum Erotik in seine Einzelteile. *Klaus Kreitmeier, Medienforscher*

Hotline-Platzreservierung *Josef Partykiewicz*

Erich Rauschenbach

Armin Gehret

Heinz Birg

Gerhard Mester

Die Zeichner

BRIAN BAGNALL, 1943 in Yorkshire/England geboren, studierte an der Royal Academy in London (Fach Malerei und Illustration), war dann Dozent an der Kunstakademie in Kingston upon Hull, kam über Amsterdam 1972 nach München, wo er seither als Grafiker und Cartoonist lebt. Zahlreiche Ausstellungen als Maler und Cartoonist, hat mehrere Kinderbücher illustriert und zeichnet für »Playboy« und »Nürnberger Zeitung«. Preisträger der »Gothaer Karikade« 1995. – Zeichnungen auf S. 9, 32, 55, 78, Buchrückseite.

ROLAND BEIER, 1955 in Meißen geboren, von 1972 bis 1974 Studium an der Hochschule für Bildende Künste Dresden, von 1974 bis 1979 Grafik-Design-Studium an der Kunsthochschule Berlin-Weißensee, seit 1979 freiberuflich als Grafiker, Illustrator und Cartoonist tätig, lebt in Berlin. Journalistenpreis der 5. Triennale Européenne de L'Affiche Politique (1992) in Mons/Belgien, für Poster mit international bekannter Karl-Marx-Karikatur »Tut mir leid Jungs! War halt nur so 'ne Idee von mir...« – Zeichnungen auf S. 58, 72.

GABOR BENEDEK, 1938 in Budapest geboren, Architekturstudium TU München 1961 bis 1967, eigenes Architekturbüro in München seit 1970. Karikaturist der »Süddeutschen Zeitung« seit 1968 und der »Hannoverschen Allgemeinen Zeitung« seit 1971. – Architekturpreis BDA-Bayern 1981, Goldene Feder des 3. Niederländischen Cartoonfestivals 1985. Bücher: »Gedankenstriche« (1980), »Bauherrlichkeit« (1982), »Der Liberalissimus« (1988). – Zeichnungen auf S. 8 (2), 27, 69.

HEINZ BIRG, 1941 in Heufeld (Banat) geboren, 1961–1967 Architekturstudium und Diplom in München. Seit 1972 als Architekt und Zeichner in München tätig. Zahlreiche Einzelausstellungen und Veröffentlichungen: »Fünfzig Federzeichnungen«, »Verborgenes«, »Unbehaust« (Photographien en passant), »Münchner Architekturvisionen«, »Bayern vorn«. 1986 der erste Münchner Großstadtpreis »Die Löwenpfote«. – Zeichnungen auf S. 29, 51, 52, 91.

RAINER EHRT, 1960 in Elbingerode/Harz geboren, studierte 1980/81 zwei Semester Design an der Hochschule für Industrielle Formgestaltung Halle/Burg Giebichenstein, war dann 1982/83 Druckereiarbeiter in Halle und Leipzig, studierte von 1983 bis 1988 bis zum abschließenden Diplom Gebrauchsgrafik an der Hochschule Halle/Burg Giebichenstein bei Professor Gerhard Voigt, bei Professor Günter Gnauck, bei Eva Natus-Salamoun und bei Rainer Schade. Seine Arbeitsgebiete ab 1989 als freier Grafiker, Cartoonist und Illustrator: Kulturplakat, Cartoons (Veröffentlichungen u.a. in »natur«, »Eulenspiegel«, »Magazin«, »metall«), Illustrationen, freie Grafik; bisher 3 Künstlerbücher veröffentlicht. – Zeichnungen auf S. 11, 13, 26, 86.

ARMIN GEHRET, 1923 in Karlstadt am Main geboren, lebt seit 1959 bis heute im Allgäu als freischaffender Maler und Grafiker in Grönenbach: Träger des Johann-Georg-Fischer-Kunstpreises 1986, Beteiligung an vielen Ausstellungen im In- und Ausland, zuletzt an »Cartoonale LIFE-STYLE«, »Mozart in art«, »500 Jahre Karikatur & Satire«, »Köpenicker Karikaturensommer«. Eigene Ausstellungen in vielen Galerien im In- und Ausland. Buchveröffentlichungen: »Eine feine Gesellschaft – Deutsche Charaktere«, »Armin Gehrets kleines Welttheater«; freie Mitarbeit bei verschiedenen Verlagen, zeichnet für den »Eulenspiegel«. – Zeichnungen auf S. 64, 87, 90.

DIETMAR GROSSE, 1948 in Lobstädt/Sachsen geboren, im Allgäu aufgewachsen. Nach einigen Umwegen über Seefahrt, Werbung und Luftfahrt lebt er heute als Cartoonist in München. Neben regelmäßigen Abdrucken in Zeitungen und Zeitschriften auch zahlreiche Buchveröffentlichungen; viele Einzel- und Gruppenausstellungen im In- und Ausland. – Zeichnungen auf S. 70, 80.

GERHARD HADERER, 1951 geboren; hängte 1985 seinen Job als Werbegrafiker an den Nagel und wandte sich der Arbeit zu, die ihm schon seit längerem weit mehr am Herzen lag: den Cartoons. Seit diesem Jahr beliefert er Magazine wie »stern«, »profil«, »Geo«, »Trend« und »Wiener«, aber auch eine Regionalzeitung wie die »Oberösterreichischen Nachrichten« mit gezeichneten Kommentaren. Zur Zeit lebt und arbeitet er in Linz. Seit 1987 veröffentlicht er fast jährlich ein Buch, zuletzt »Think positiv« 1996. – Zeichnungen auf S. 14, 17, 36/37, 79.

HORST HAITZINGER, 1939 in Eferding/Oberösterreich geboren; künstlerische Ausbildung an der Kunstgewerbeschule in Linz an der Donau, zwölf Semester Malerei und Grafik an der Akademie der bildenden Künste in München; 1958 erschienen die ersten politischen Karikaturen im »Simplicissimus«; heute erscheinen seine Karikaturen in vielen Tages- und Wochenzeitungen in Deutschland, Österreich und der Schweiz. Seine Zeichnungen und Ölbilder (phantastischer Realismus) und seine politischen Karikaturen werden auf zahlreichen Ausstellungen im In- und Ausland gezeigt. Preisträger der »Gothaer Karikade« 1991. Haitzinger lebt und arbeitet in München. – Zeichnungen auf Buchtitel und auf S. 6, 43.

DIETER HANITZSCH, geboren 1933 in Schönlinde, Böhmen. Gelernter Bierbrauer, studierter Brauerei-Ingenieur und Diplomkaufmann. Nach dem Studium Brauerei-Werbeleiter (erfand »Gut – besser – Paulaner!«), dann Wirtschaftsjournalist beim Bayerischen Fernsehen. Zeichnete schon während des Studiums politische Karikaturen für die »Süddeutsche Zeitung« und die »Abendzeitung«, München. Von 1980 bis 1992 »Hauskarikaturist« der Illustrierten QUICK. Danach politischer Karikaturist für die »Süddeutsche Zeitung« und den »General-Anzeiger«, Bonn. Viele Bücher, die meisten über Franz Josef Strauß. Zuletzt, mit Dieter Hildebrandt als Co-Autor, »Die verkaufte Haut. Ein Comic über Fußballmafia und Politik«. Hanitzsch kündigte 1985 seinen rentenberechtigten Abteilungsleiter-Job beim Bayerischen Fernsehen und machte sein Hobby Zeichnen zum Hauptberuf. Er lebt mit Ehefrau Mercedes und Sohn Stefan in München-Waldperlach. Preisträger der »Gothaer Karikade« 1995. – Zeichnungen auf S. 20, 28, 60, 61.

BARBARA HENNIGER, 1938 in Dresden geboren, 1956 Abitur, 1956–1967 Architekturstudium an der TH Dresden, 1959–1967 Ausbildung und Tätigkeit als Journalistin an einer Dresdener Tageszeitung. 1967 Übersiedlung nach Strausberg bei Berlin; seither freischaffende Karikaturistin, ständige Mitarbeiterin des »Eulenspiegel«. Beteiligung an allen wichtigen Karikaturen-Ausstellungen im In- und Ausland. Kunstpreis der DDR 1984, »Goldener Hut« der 24. Welt-Cartoonale in Knokke-Heist/Belgien, Preisträgerin der »Gothaer Karikade« 1991. – Zeichnungen auf S. 44, 85.

IRONIMUS (GUSTAV PEICHL), 1928 in Wien geboren, studierte von 1949 bis 1953 an der Akademie der bildenden Künste in Wien, ist seit 1973 Hochschulprofessor an der Akademie der bildenden Künste in Wien. Ironimus zeichnet für die »Süddeutsche Zeitung« und für »Die Presse« in Wien, er veröffentlichte und illustrierte zahlreiche Bücher, seit 1983 nahm er an vielen in- und ausländischen Ausstellungen teil. Er ist Träger des Großen Österreichischen Staatspreises für Architektur, des Preises der Stadt Wien für Architektur, des Joseph-Drexel-Preises, des Reynold Memorial Award, des Preises des Landes Steiermark für Architektur, des Berliner Architekturpreises 1989 sowie der Auszeichnung zum Deutschen Architekturpreis. – Zeichnungen auf S. 68, 74.

CLEO-PETRA KURZE, 1951 in der Lutherstadt Eisleben geboren; Abitur 1970 in Halle; 1970 bis 1975 Studium an der Hochschule für Grafik und Buchkunst in Leipzig; seit 1976 freischaffend in Berlin als Illustratorin und Karikaturistin tätig. Beteiligung an vielen Ausstellungen in der DDR und in der Bundesrepublik sowie in Belgien, Bulgarien, der ehemaligen UdSSR, Jugoslawien, Japan und Kanada. Bücher und Illustrationen für Zeitschriften und Verlage. – Zeichnungen auf S. 35, 47.

HEINZ LANGER, 1937 in Heidenheim geboren, lebt in München; zeichnet seit 1973 für die »Süddeutsche Zeitung«, »Wirtschaftswoche«, »Photo«, »Züricher Weltwoche«, »Freundin«, »Deutsches Allgemeines Sonntagsblatt« und heute für den »Kölner Stadt-Anzeiger«, »Personalcomputer«, »Chip« und »Medical Tribune«. Veröffentlichungen: »Tau träumt durch den Tag«, »Langers Landleben«, »Mäuschen Grau«, »Langer Samstag«, »Grimmige Märchen«, »Denk ich an Bayern...« Cartoonpreis der japanischen Zeitung »Yomiuri Shimbun«. – Zeichnungen auf S. 62, 77.

ERIK LIEBERMANN, 1942 in München geboren, lebt heute als Cartoonist in Oberbayern. Zahlreiche Veröffentlichungen und Beteiligung an vielen Ausstellungen im In- und Ausland. Zeichnet regelmäßig für die »Süddeutsche Zeitung«, »ADAC Motorwelt«, »Frankfurter Rundschau«, »Schwäbische Zeitung«, »Freundin«, »Hör zu«, »Petra«. – Zeichnungen auf S. 21, 33, 51, 69, 73.

LUFF (ROLF HENN), 1956 in Idar-Oberstein geboren, studierte 1977 bis 1984 Kunsterziehung an der Universität Mainz und arbeitete nach dem Referendardienst als freier Industrie- und Grafikdesigner. Seine politischen Karikaturen druckte 1987 erstmals die »Mainzer Allgemeine«. Heute zeichnet er hauptberuflich für eine Reihe namhafter Tageszeitungen. Der Familienvater und passionierte Segelflieger lebt und arbeitet in Hennweiler im Hunsrück. Seit 1989 veröffentlicht er Jahrbücher mit Karikaturen. – Zeichnungen auf S. 39, 70.

GERHARD MESTER, 1956 in Betzdorf/Sieg geboren; Grafik-Design-Studium in Kassel. Seit 1984 als freier Karikaturist tätig; lebt und arbeitet in Wiesbaden. Thomas-Nast-Preis 1992. – Zeichnungen auf S. 63, 66, 84, 92.

BURKHARD MOHR, 1959 in Köln geboren. Studium der Malerei und Bildhauerei an der Kunstakademie München, Diplom 1984, Zivildienst und DAAD-Jahresstipendium in Belgien. Lernt dort bei einem Schmied. Politische Karikaturen für den Bonner »General-Anzeiger«, die »Frankfurter Allgemeine Zeitung«, »Das Parlament«, den »Behördenspiegel« und den »Bundestag-Report«. In seiner Bonner Werkstatt entstehen Politiker-Grotesken in Eisen. – Zeichnungen auf S. 56, 57, 65.

FELIX MUSSIL, 1921 in Berlin geboren, 1939 Abitur, anschließend drei Semester Architektur (TH Berlin), von 1941 bis 1945 Kriegsdienst. Ab 1948 Wohnsitz in Hannover, erste politische Karikaturen, freier Mitarbeiter bei Tages- und Wochenzeitungen. Ab 1955 Wohnsitz Frankfurt am Main, erste Karikaturen in der »Frankfurter Rundschau« (ab 1956 ständiges Redaktionsmitglied). Mehrere Ausstellungen, unter anderem in Bonn und Frankfurt am Main. Preisträger der »Gothaer Karikade« 1994. – Zeichnungen auf S. 61, 75, 82.

PETER MUZENIEK, 1941 in Lodz (ehem. Litzmannstadt) geboren; 1959 Abitur in Schwerin, 1959 bis 1961 Lehre als Schrift- und Plakatmaler bei der DEWAG-Werbung in Schwerin; 1965 bis 1970 Studium an der Hochschule für Grafik und Buchkunst in Leipzig, 1970 Diplom. Seit 1970 freischaffend tätig als Buchillustrator und Karikaturist für verschiedene Verlage, Zeitschriften und das Fernsehen; seit zwölf Jahren ständige Mitarbeit beim »Eulenspiegel«. – Zeichnungen auf S. 16, 45.

NEL (JOAN COZACU), 1953 in Klausenburg (Rumänien) geboren. 1973 bis 1978 Studium an der Hochschule für industrielle Formgestaltung Burg Giebichenstein, Halle. Seit 1984 als freischaffender Cartoonist und Buchillustrator tätig, in Erfurt wohnend, verheiratet, zwei Töchter, Mitarbeit an verschiedenen Periodika, hauptsächlich im »Eulenspiegel«. Verschiedene Ausstellungen und Wettbewerbe, Auszeichnungen und Preise. Preisträger der »Gothaer Karikade« 1994. – Zeichnungen auf S. 25, 34, 48/49, 50, 84.

PARTY (JOSEF PARTYKIEWICZ), Sprößling einer ehemaligen k.u.k. Familie, wohnt in Rösrath bei Köln; neben rein malerischer Tätigkeit zeichnet er seit Jahr und Tag für diverse Zeitungen, Zeitschriften, Illustrierte und Journale sowie Fachblätter. Autor einiger Serien, wie »Bonn Zoo«, »Bonn Circus«, »Televisagen«, »Bosse im Bild«. Ausstellungen im In- und Ausland sowie in Übersee. Preisträger der »Gothaer Karikade« 1992. – Zeichnungen auf S. 15, 18, 19, 88.

ERICH RAUSCHENBACH, 1944 in Lichtenstein geboren, seit 1953 Westberliner, seit 1990 Berliner. 1963 Abitur, von 1963 bis 1966 Banklehre, danach bis 1969 Studium an der Pädagogischen Hochschule Berlin, aus Mangel an Motivation zum Lehrerberuf ohne Abschluß. Von 1970 bis 1973 Studium an der (jetzigen) Hochschule der Künste Berlin mit Abschluß als »staatl. gepr. Grafik-Designer« (in Ermangelung eines möglichen Abschlusses als »Karikaturist«). Seit 1973 freiberuflich tätig als Karikaturist für diverse Zeitschriften, fürs Fernsehen und gelegentlich als Illustrator; veröffentlichte bis jetzt 31 »eigene« Karikaturbücher, 4 Kindersachbücher und ein Kinderbuch; Mitautor an diversen Anthologien. Verheiratet, eine Tochter. – Zeichnungen auf S. 12, 71, 89.

HEIKO SAKURAI, 1971 in Recklinghausen geboren; Studium der Germanistik, Geschichte, Politik (MA); zeichnet seit 1991 Karikaturen für die »Westdeutsche Allgemeine Zeitung«; macht Illustrationen für mehrere Verlage (bisher 2 Kinderbücher). – Zeichnungen auf S. 38, 46, 53, 76.

REINER SCHWALME, 1937 in Liegnitz geboren; Studium der Gebrauchsgrafik in Ostberlin bis 1959, danach Grafiker im Verlag »Tribüne«; seit 1966 freiberuflich als Gebrauchsgrafiker, Illustrator für Bücher und Zeitschriften und als Karikaturist tätig. Ständiger Mitarbeiter beim »Eulenspiegel«, bei »Metall« und verschiedenen Tageszeitungen und Zeitschriften. Preisträger der »Gothaer Karikade« 1992 und 1993. – Zeichnungen auf S. 30, 31, 40, 59.

JAN TOMASCHOFF, Dr. med., geboren 1951 in Prag. Soweit ich mich erinnere, durch Comics angeregt, schon als Kind Karikaturen gezeichnet. Mit 12 Jahren erste Veröffentlichungen. Seit 1966 in Deutschland, 1969 Abitur, dann endlich an der Kunstakademie Düsseldorf. Schon nach einem Semester Künstlerlaufbahn beendet. Medizinstudium bis 1975, paradoxerweise während der Studienzeit wieder zunehmend Veröffentlichungen von Karikaturen in Zeitungen und Zeitschriften; zur Zeit als Nervenarzt und Psychotherapeut in Düsseldorf tätig. Ausstellungsbeteiligungen im In- und Ausland. Verheiratet, 3 Kinder. – Zeichnungen auf S. 50, 59, 81 (2).

KLAUS VONDERWERTH, 1936 in Berlin geboren; von 1955 bis 1959 Studium an der »Meisterschule für Grafik und Buchgestaltung« in Berlin bei Professor Bürger; seit 1959 freischaffend als Grafiker, Buchillustrator und Cartoonist in Berlin tätig; seit 1979 zunehmende Beschäftigung mit dem Kinderbuch und der Druckgrafik, seit November 1989 als Presse-Karikaturist. Verschiedene Preise als Cartoonist und Karikaturist. Beteiligung an vielen Ausstellungen in Ost- und Westeuropa, in Kanada und Japan. – Zeichnungen auf S. 10, 22, 23.

FREIMUT WÖSSNER, 1945 in Allentsteig/Österreich geboren. Sonnige Kindheit in einem schwäbischen Dorf, später die branchenüblichen Irrungen und Wirrungen. Seit 1980 Karikaturist und Verfasser lustiger Texte. Lebt heute in Berlin. Verheiratet, zwei Kinder. Buchveröffentlichungen: »brenzlig-brenzlig«, »Die 380000 ergreifendsten Berufe«, »Menschen, Tiere, Schrankwände« und »Naturbelassen«. – Zeichnungen auf S. 42, 67, 83.

OTTFRIED ZIELKE, geboren 1936 in Berlin. Lehre als Gebrauchswerber und anschließende Arbeit in der Praxis. Von 1957 bis 1961 Studium an der Fachschule für angewandte Kunst in Berlin, dort bis 1986 als Assistent tätig. Ab 1968 freischaffend als Grafiker, Maler und visueller Poet in Berlin lebend. Seit 1991 Mitglied der Künstlerinitiative »Kunst statt Werbung« auf dem U-Bahnhof Berlin-Alexanderplatz; seit 1991 Mitglied in der Neuen Gesellschaft Bildende Kunst. Preisträger der »Gothaer Karikade« 1992. – Zeichnungen auf S. 24, 41, 54.

Die Herausgeber

WALTHER KEIM, Prof. Dr., Jahrgang 1935, Ministerialrat, Leiter der Pressedokumentation im Deutschen Bundestag; lehrt an der Westfälischen Wilhelms-Universität in Münster. Zahlreiche Veröffentlichungen zu politischen, zeitgeschichtlichen und historischen Themen in Zeitungen und Zeitschriften; Herausgeber vieler Karikaturenbände, z.B. »Der total perfekte Beamte« (mit Dieter Hanitzsch), »Big Boss. Der Unternehmer in der Karikatur«, »O sancta Justitia. Die schönsten Karikaturen rund um das Rechtswesen«, »Der Nächste bitte... Medi-Zynisches in der Karikatur«, »Wenn Deutsche reisen... Karika-Touren rund um die Welt« sowie »Das waren Zeiten... Achtzehn Karikaturisten sehen vierzig Jahre Bundesrepublik«, »Flitterwochen. Karikaturisten sehen das Jahr nach der deutsch-deutschen Hochzeit«, »Spiegelbilder. Karikaturisten sehen Deutschland und die Deutschen«, »Ohne Moos nix los. Karikaturisten sehen Geld und Macht in Deutschland«, »Schöne Aussichten. Karikaturisten sehen die wahre Lage der Nation« und »Rheingold in märkischem Sand« (alle mit Hans Dollinger).

HANS DOLLINGER, Jahrgang 1929, gelernter Buchhändler, Verlagsbuchhändler und Journalist, von 1958 bis 1962 verantwortlicher Redakteur der Zeitschrift »Die Kultur« (bei Desch), seit 1962 freiberuflich als Schriftsteller und Lektor tätig; Autor vieler erfolgreicher historischer Bilddokumentationen und zeitgeschichtlicher Sachbücher; Herausgeber der heute gesuchten Karikaturen-Sammlung »Lachen streng verboten! Die Geschichte der Deutschen im Spiegel der Karikatur« (1972), Mitherausgeber (mit Walther Keim) von »Das waren Zeiten... Achtzehn Karikaturisten sehen vierzig Jahre Bundesrepublik« (1989), »Flitterwochen. Karikaturisten sehen das Jahr nach der deutsch-deutschen Hochzeit« (1991), »Spiegelbilder. Karikaturisten sehen Deutschland und die Deutschen« (1992), »Ohne Moos nix los. Karikaturisten sehen Geld und Macht in Deutschland« (1993), »Schöne Aussichten. Karikaturisten sehen die neue Lage der Nation« (1994) und »Rheingold in märkischem Sand« (1995) sowie (mit Dieter Hanitzsch) »Der doppelte Michel. Karikaturisten sehen ein Jahr deutsche Revolution« (1990).